JN081810

食べたいときにすぐ作って
焼き立てが食べられる！

爆速！しぼりパン

斎藤ゆかり

しぼりパンなら、食べたいときに

材料は４つだけ!

基本のしぼりパンの材料は、強力粉、ベーキングパウダー、塩、水の４つだけ。砂糖やバターを使わないので、シンプルな小麦のおいしさを楽しめます。健康に気を遣っている人にもおすすめです。

手が汚れない!

基本のしぼりパンの作り方は、ポリ袋の中ですべて完結するので、洗い物がほとんど出ません。生地をこねるときも、ポリ袋の外側からもむだけでOK。手が汚れないのもポイントです。

焼き立てパンがすぐ作れる！

作業時間たったの5分！

ドライイーストではなくベーキングパウダーを使うため、生地の発酵を待たずにすぐに焼けるのが特徴。材料を入れてから焼くまで、基本の作業時間はたったの5分ほど！

トースターで焼ける！

焼くときはトースターでOK。オーブンを使わないので、とっても手軽です。高温で焼けるトースターなら生焼けにもなりにくく、また、焼き時間も12〜15分と短いのもうれしい！

はじめに

　朝ごはんはもちろん、ランチやおやつ、夕食のおともとして。パンは私たちの生活に、欠かせない存在になっています。でも、「パン作りは材料も道具もたくさん必要だし、時間も手間もかかる」と考えている人は少なくないのではないでしょうか?

　私は製粉会社に勤務していた経験をいかし、パン作りの理論と小麦粉の性質について、パン講師や販売を目指す方にお伝えするオンライン講座「こなこな・マジック®」を運営しています。同時にSNSでも、パン作りのコツやレシピを発信しています。
　2020年に、パン作りは実はとっても簡単だということをお伝えしようと『世界一ズボラなBOXパン!』という書籍を執筆しました。ありがたいことに、たくさんの好評の声をいただき、同時に「もっと短時間で作りたい」「朝、焼き立てを食べたい!」というご希望も多数寄せられました。

　そこで思いついたのが、ドライイーストで発酵させる代わりにベーキングパウダーを使って短時間で膨らませる、「しぼりパン」のアイデア。しかも、トースターという気軽な道具で焼けるように、材料も調整しました。

　こうばしく香る焼き立てパンは、私たちの暮らしをもっと素敵に彩ってくれます。
　この本のレシピを通して、パン作りをもっと身近で気軽で楽しいものだと感じていただけたらうれしいです。

斎藤ゆかり

CONTENTS

CHAPTER | 1

混ぜる
しぼりパン

〈この本のレシピについて〉
●材料の表記は大さじ1=15cc（15㎖）、小さじ
　1=5cc（5㎖）です。
●レシピには目安となる分量や焼き時間を表記して
　いますが、食材やトースターの性質、室温などに
　よって変動する場合があります。必ず様子を見な
　がら加減してください。

●トースターの加熱時間は100V・1200Wのもの、
　電子レンジは600Wのものを使用した場合の目
　安です。
●クッキングシートが大きすぎると引火する場合が
　あるため、余分な部分は切り取って様子を見なが
　ら焼いてください。

基本の道具

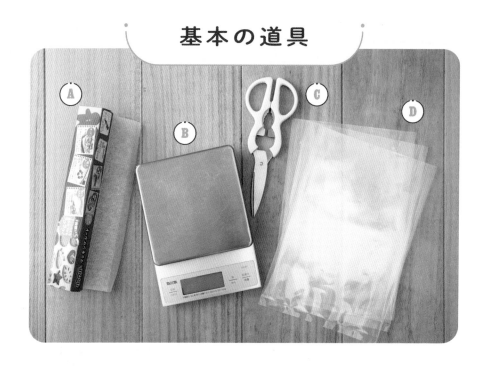

Ⓐ クッキングシート

ご自宅でいつも使っているものでOK。トースターに入るサイズにカットしてから使うと、庫内に入れるときにもたつきません。

Ⓑ はかり

家庭用のはかりで大丈夫です。ただし、分量をなるべく正確に量るのがパン作りを成功させるカギ。できれば、0.1g単位で量れるタイプがおすすめです。

Ⓒ はさみ

ポリ袋に入った生地をしぼる際に、袋の角をカットするために使います。切れればどんなものを使ってもかまいません。

Ⓓ ポリ袋

材料を入れてふったり生地をこねたりするので、厚みのあるしっかりしたものを選びましょう。0.05〜0.08mm程度の厚さがあるものが理想です。ジッパー付きポリ袋でもOK。薄いタイプはもんでいるうちに破れてしまうので要注意!

基本の材料

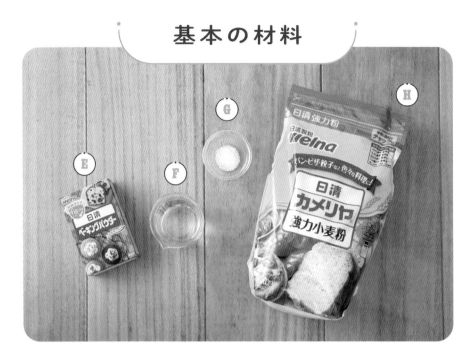

Ｅ ベーキングパウダー

日清製粉のベーキングパウダーを使用しています。1袋が4g入りと、本書のレシピで使う量と同じなので、その都度量らず使えて便利です。メーカーによって品質にそれほど差はないので、お好きなものを使っても問題ありません。

Ｆ 水

水道水もしくはミネラルウォーターを。冷蔵庫やウォーターサーバーから出した冷たいものでも、常温のものでも大丈夫です。

Ｇ 塩

ご自宅にあるお好きな塩でOK。ただし、粒子の大きな岩塩などは生地に混ざりにくいので、避けたほうがいいでしょう。

Ｈ 強力粉

本書のレシピは、日清製粉の「日清 カメリヤ 強力小麦粉」で作っています。小麦粉は商品によって吸水量やグルテンの性質が変わってしまうため、違う商品を使うと生地が固くなったり、水っぽくなってしまったりすることも。失敗を防ぐためにもこちらを使っていただくのがおすすめです。

基本のしぼりパン

飽きのこないシンプルな味。
外はカリッ、中はもっちりの食感で
毎朝でも食べたくなる!

材料

直径8cmの円形4個分

- (A)　強力粉 ··· 100g
- (B)　ベーキングパウダー··· 4g
- (C)　塩 ··· 2g
- (D)　水 ··· 100g

上手に作るコツ

強力粉は
日清製粉が
おすすめ

本書では日清製粉の強力粉を使っています。強力粉はメーカーによって性質が異なるため、できるだけこちらを使用してください。ベーキングパウダーは、どのメーカーでも大丈夫です。

焼き時間は
焼き色を
見ながら調整

焼き時間はトースターの性質やその日の室温などによって変化します。目安時間は12〜15分ですが、様子を確認して15分経っても焼き色がついていないときは、もう少し焼くなど調節してください。

量るのも
ポリ袋でOK

ポリ袋をはかりにのせ、直接材料を入れながら計量しましょう。余計な洗い物が出ないので片付けがラクになります。

作り方

① ふる

トースターを予熱しておく。厚みのあるポリ袋に強力粉、ベーキングパウダー、塩を入れる。袋に空気を入れて口を閉じ、軽くふって均一に混ぜる。

POINT

材料をポリ袋に入れたら、袋に空気を入れて閉じ、シャカシャカとふってください。ここで粉類を全体的に混ぜておくと、水分を入れたときにムラになりにくいです。また、この時点でトースターを温めておくと、あとの作業がスムーズになります。

ポリ袋の口を2〜3回ほど折り、折り目を持ってふります。

② こねる

袋の口を開いて水を加える。空気を入れて袋の口を閉じ、袋の外側から手でもみ、混ぜながらこねる。

POINT

このとき、ダマになっていないか確認しましょう。特にポリ袋の角の部分は混ざりにくいので、目で確認しながらダマをつぶしていきます。こねることでグルテンができるので、全体をよく混ぜて、粘りが出るまでしっかりともんでください。

③ しぼる

ダマがなくなり粘りが出たら、生地を袋の下側に集める。袋の空気を抜いて口を結び、1ヶ所の角を1.5cmほどの幅にカットする。クッキングシートに直径8cmほどの円形になるよう、4個しぼる。

POINT

生地がやわらかいので、焼く直前にしぼりましょう。こねたあとの生地は冷蔵庫でひと晩保存できますが、グルテンがつながって粘りが出るため、少し切りにくい状態になることも。その場合は水で指を濡らし、生地をつまむようにして切ってください。

④ 焼く

トースターにクッキングシートごと入れ、焼き色がつくまで12〜15分焼く。

POINT

時間が経つと生地がだれてしまうので、クッキングシートにしぼったらすぐに焼きましょう。トースターは一番高温の設定でOK。すばやく焼きあげるためにも、生地をこねるのと同時にトースターをオンにして、十分に熱しておくのがポイントです。

［注意］
本書のレシピの分量はトースター用の配合です。オーブンはトースターより温度が低いため、オーブンで焼くと仕上がりが変わってしまいます。必ずトースターで焼いてください。

しぼり方

円形

渦巻きを作るように、外側から内側に円を描きながらしぼり出します。楕円形のときも同様です。

棒状

一定の力で指定の長さにしぼります。長方形にする場合は、棒状を横に2本しぼって2本の間をつなげるようにして成形してください。

保存方法

生地の状態

袋に入れたまま常温で保存できますが、室温が20℃以上のときは冷蔵庫に入れて保存しましょう。冷蔵庫で冷やした生地は、そのまますぐにしぼって焼いてOK。ただし、生地が冷たいと火の通り具合が変わることもあるので、加熱時間は様子を見て調整してください。

焼いたあと

焼いたパンは、できるだけ早めに食べるのがおすすめ。保存する場合は、パンが十分冷めてからラップで包んでください。常温で保存する場合は1日、冷凍で保存する場合は1週間ほどが目安です。

冷凍したパンの食べ方

冷凍したパンを温めるときは、アルミホイルで包んでから予熱したトースターで焼くと、パサつかず表面がカリッと仕上がります。もしくは常温で解凍してから、ラップに包んでレンジで温めましょう。

混ぜる

しぼりパン

具材を混ぜ込んで、
生地を味変するレシピをご紹介。
ココアや抹茶、粉チーズ、
黒ごまなど風味をつける材料のほか、
細かく切ったベーコン、
ペーストにしたかぼちゃなどを
混ぜたアレンジも!

バジルチーズパン

バジルがさわやかに香る
イタリアンなお食事パン

〔 材料 〕 直径8cmの円形4個分

A 強力粉 … 100g
ベーキングパウダー … 4g
塩 … 2g
パルメザンチーズ … 5g
あえるタイプのパスタソース
　（バジル味）… 20g
水 … 90g

〔 作り方 〕

1 トースターを予熱しておく。ポリ袋に **A** を入れ、袋に空気を入れて口を閉じ、軽くふって均一に混ぜる。

2 袋の口を開いてパスタソース、水を加える。空気を入れて袋の口を閉じ、外側から手でもみ、よくこねる。

3 袋の空気を抜いて口を結び、1ヶ所の角を1.5cmほどにカットする。クッキングシートに直径8cmほどの円形に4個しぼる。

4 トースターにクッキングシートごと入れ、焼き色がつくまで12〜15分焼く。

黒ごまパン

黒ごまの香りがひきたつ
毎朝でも食べたい素朴なおいしさ

材料　長さ12㎝の細めの棒状9本分

A 強力粉 … 100g
　　ベーキングパウダー … 4g
　　塩 … 2g
　　黒いりごま … 10g
有塩バター (常温に戻す) … 5g
水 … 90g

作り方

1 トースターを予熱しておく。ポリ袋に **A** を入れる。袋に空気を入れて口を閉じ、軽くふって均一に混ぜる。

2 袋の口を開いてバター、水を加える。空気を入れて袋の口を閉じ、外側から手でもみ、よくこねる。

3 袋の空気を抜いて口を結び、1ヶ所の角を1.5㎝ほどにカットする。クッキングシートに長さ12㎝ほどの細めの棒状に9本しぼる。

4 トースターにクッキングシートごと入れ、焼き色がつくまで12〜15分焼く。

ベーコンパン

黒こしょうがほどよくきいた
白ワインにも合うあっさりパン

材料 ）長さ12cmの棒状4本分

A 強力粉 … 100g
　　ベーキングパウダー … 4g
　　塩 … 2g
水 … 100g
ハーフベーコン（5mm角以下に切る）
　… 4枚
黒こしょう … 少々

作り方

1 トースターを予熱しておく。ポリ袋に **A** を入れる。空気を入れて口を閉じ、軽くふって均一に混ぜる。

2 袋の口を開いて水を加える。空気を入れて袋の口を閉じ、外側から手でもみ、よくこねる。ベーコンを加えてよく混ぜる。

3 袋の空気を抜いて口を結び、1ヶ所の角を1.5cmほどにカットする。クッキングシートに長さ12cmほどの棒状に4本しぼり、黒こしょうをかける。

4 トースターにクッキングシートごと入れ、焼き色がつくまで12〜15分ほど焼く。

明太マヨパン

明太子×マヨネーズがくせになる
定番人気のお食事パン

(材料)　長さ12cmの棒状4本分

A │ 強力粉 … 100g
　│ ベーキングパウダー … 4g
　│ 塩 … 2g
明太子 … 30g
水 … 100g
マヨネーズ … 10g
青ねぎ（小口切り）… 適宜
刻みのり … 適宜

(作り方)

1 トースターを予熱しておく。ポリ袋に **A** を入れる。空気を入れて口を閉じ、軽くふって均一に混ぜる。

2 袋の口を開いて薄皮を取った明太子、水を加える。空気を入れて袋の口を閉じ、外側から手でもみ、よくこねる。

3 袋の空気を抜いて口を結び、1ヶ所の角を1.5cmほどにカットする。クッキングシートに長さ12cmほどの棒状に4本しぼり、マヨネーズをかける。

4 トースターにクッキングシートごと入れ、焼き色がつくまで12〜15分焼く。好みで青ねぎと刻みのりをのせる。

かぼちゃパン

かぼちゃの素朴な甘さが何度でも食べたくなる!

材料 直径8cmの円形4個分

かぼちゃ… 100g

有塩バター… 20g

A 強力粉… 100g

　ベーキングパウダー
　　… 4g

　塩… 2g

　砂糖… 20g

水… 100g

作り方

1 かぼちゃは2cmほどの角切りにし、バターと一緒に耐熱容器に入れ、ラップをふわっとかけて電子レンジで4分加熱する。フォークで軽くつぶしてペースト状にする。

2 トースターを予熱しておく。ポリ袋に **A** を入れる。袋に空気を入れて口を閉じ、軽くふって均一に混ぜる。

3 袋の口を開いて水と **1** を加える。空気を入れて袋の口を閉じ、外側から手でもみ、よくこねる。

4 袋の空気を抜いて口を結び、1ヶ所の角を1.5cmほどにカットする。クッキングシートに直径8cmほどの円形に4個しぼる。

5 トースターにクッキングシートごと入れ、焼き色がつくまで12〜15分焼く。

さつまいもパン

ほんのり甘いさつまいもパンはお子さんにもおすすめ

(材料) 直径8cmの
円形4個分

さつまいも … 100g

有塩バター… 20g

A 強力粉 … 100g

　 ベーキングパウダー
　 … 4g

　 塩 … 2g

　 砂糖 … 20g

水 … 100g

(作り方)

1 さつまいもは2cmほどの角切りにし、バターと一緒に耐熱容器に入れ、ラップをふわっとかけて電子レンジで4分加熱する。フォークで軽くつぶしてペースト状にする。

2 トースターを予熱しておく。ポリ袋に **A** を入れる。袋に空気を入れて口を閉じ、軽くふって均一に混ぜる。

3 袋の口を開いて水と **1** を加える。空気を入れて袋の口を閉じ、外側から手でもみ、よくこねる。

4 袋の空気を抜いて口を結び、1ヶ所の角を1.5cmほどにカットする。クッキングシートに直径8cmほどの円形に4個しぼる。

5 トースターにクッキングシートごと入れ、焼き色がつくまで12〜15分焼く。

豆乳パン

豆乳と砂糖を加えて
ほんのりやさしい甘さに仕上げます

材料 長さ10cmの棒状4本分

作り方

A 強力粉 … 100g
　 ベーキングパウダー … 4g
　 塩 … 2g
　 砂糖 … 20g
豆乳（無調整）… 110g

1 トースターを予熱しておく。ポリ袋にA を入れる。空気を入れて口を閉じ、軽く ふって均一に混ぜる。

2 袋の口を開いて豆乳を加える。空気を入 れて袋の口を閉じ、外側から手でもみ、 よくこねる。

3 袋の空気を抜いて口を結び、1ヶ所の角 を1.5cmほどにカットする。クッキング シートに長さ10cmほどの棒状に4本し ぼる。

4 トースターにクッキングシートごと入れ、 焼き色がつくまで12〜15分焼く。

ダブルチョコ

アーモンドチョコ

チョコパン

濃厚な味わいがたまらない!
ココアとチョコ＆アーモンドの贅沢W使い

ダブルチョコ

(材料) 直径8cmの
ハート形4個分

A | 強力粉 … 100g
ベーキングパウダー … 4g
塩 … 2g
砂糖 … 20g
ココア … 20g
B | 卵黄 … 20g
水 … 100g
チョコチップ … 30g

(作り方)

1 トースターを予熱しておく。ポリ袋に **A** を入れる。空気を入れて口を閉じ、軽くふって均一に混ぜる。

2 袋の口を開いて **B** を加える。空気を入れて袋の口を閉じ、外側から手でもみ、よくこねる。

3 チョコチップを加えて均一に混ぜる。袋の空気を抜いて口を結び、1ヶ所の角を1.5cmほどにカットする。クッキングシートに直径8cmほどのハート形に4個しぼる。

4 トースターにクッキングシートごと入れ、焼き色がつくまで12〜15分焼く。

アーモンドチョコ

(材料) 長さ10cmの棒状4本分

A | 強力粉 … 100g
ベーキングパウダー … 4g
塩 … 2g
砂糖 … 20g
ココア … 20g
B | 卵黄 … 20g
水 … 100g
アーモンド（5mm角以下に砕く）
… 30g

(作り方)

1 ダブルチョコパンの工程 **1**〜**2** と同様に生地を作る。

2 アーモンドを加えて均一に混ぜる。空気を抜いて口を結び、1ヶ所の角を1.5cmほどにカットする。クッキングシートに長さ10cmほどの棒状に4本しぼる。

3 ダブルチョコパンの工程 **4** と同様に焼く。

カフェオレパン

カフェオレの香りが広がる
ほんのり甘いおやつパン

（ 材料 ） 長さ12cmの
細めの棒状9本分

A | 強力粉 … 100g
ベーキングパウダー … 4g
塩 … 2g
砂糖 … 20g
インスタントコーヒー … 5g
米油（またはサラダ油）… 5g
牛乳 … 100g

（ 作り方 ）

1 トースターを予熱しておく。ポリ袋に **A** を入れる。空気を入れて口を閉じ、軽くふって均一に混ぜる。

2 袋の口を開いて米油、牛乳を加える。空気を入れて袋の口を閉じ、外側から手でもみ、よくこねる。

3 袋の空気を抜いて口を結び、1ヶ所の角を1.5cmほどにカットする。クッキングシートに長さ12cmほどの細めの棒状に9本しぼる。

4 トースターにクッキングシートごと入れ、焼き色がつくまで12〜15分焼く。

紅茶パン

紅茶がふんわり香るおやつパンは
ティータイムにぴったり

材料 縦10cm×横6cmの
長方形4個分

A | 強力粉 … 100g
　| ベーキングパウダー … 4g
　| 塩 … 2g
　| 砂糖 … 20g
　| 紅茶の茶葉 … 小さじ½
卵黄 … 20g
牛乳 … 80g

作り方

1　トースターを予熱しておく。ポリ袋に A を入れる。袋に空気を入れて口を閉じ、軽くふって均一に混ぜる。

2　袋の口を開いて卵黄、牛乳を加える。空気を入れて袋の口を閉じ、外側から手でもみ、よくこねる。

3　袋の空気を抜いて口を結び、1ヶ所の角を1.5cmほどにカットする。クッキングシートに縦10cm×横6cmほどの長方形に4個しぼる。

4　トースターにクッキングシートごと入れ、焼き色がつくまで12〜15分焼く。

シナモンシュガーパン

シナモンシュガーの
やさしい甘さが心をくすぐる

材料　長さ12cmの棒状4本分

A 強力粉 … 100g
ベーキングパウダー … 4g
塩 … 2g
砂糖 … 30g
シナモンパウダー … 1g
米油 (またはサラダ油) … 5g
水 … 85g

作り方

1 トースターを予熱しておく。ポリ袋に **A** を入れる。空気を入れて口を閉じ、軽くふって均一に混ぜる。

2 袋の口を開いて米油、水を加える。空気を入れて袋の口を閉じ、外側から手でもみ、よくこねる。

3 袋の空気を抜いて口を結び、1ヶ所の角を1.5cmほどにカットする。クッキングシートに長さ12cmほどの棒状に4本しぼる。

4 トースターにクッキングシートごと入れ、焼き色がつくまで12〜15分焼く。

いちごパン

いちごジャムがたっぷり入った
甘い生地がおいしい!

材料) 直径10cmの円形4個分

A ┌ 強力粉 … 100g
  │ ベーキングパウダー… 4g
  └ 塩 … 2g
  米油 (またはサラダ油) … 5g
  水 … 80g
  いちごジャム … 50g
  練乳 … 適宜

POINT

生地がゆるいため、**3** で生地をし
ぼるときは広がりすぎないよう注
意。渦巻きを描くようにして、高
さを出しながらしぼりましょう。

作り方

1 トースターを予熱しておく。ポリ袋に **A** を入れる。
空気を入れて口を閉じ、軽くふって均一に混ぜる。

2 袋の口を開いて米油、水を加える。空気を入れて
袋の口を閉じ、外側から手でもみ、よくこねる。

3 いちごジャムを加え、まだらになるようざっくり
と混ぜる。袋の空気を抜いて口を結び、1ヶ所の
角を1.5cmほどにカットする。クッキングシート
に直径10cmほどの円形に4個しぼる。

4 トースターにクッキングシートごと入れ、焼き色
がつくまで12〜15分焼く。好みで練乳をつけて
食べる。

抹茶ホワイトチョコパン

ほろ苦い抹茶とホワイトチョコが合わさった
大人のおやつパン

材料　長さ12cmの棒状4本分

A 強力粉 … 100g
ベーキングパウダー … 4g
塩 … 2g
砂糖 … 30g
抹茶パウダー … 10g
米油（またはサラダ油）… 5g
水 … 80g
ホワイトチョコチップ … 30g

作り方

1 トースターを予熱しておく。ポリ袋に **A** を入れる。空気を入れて口を閉じ、軽くふって均一に混ぜる。

2 袋の口を開いて米油、水を加える。空気を入れて袋の口を閉じ、外側から手でもみ、よくこねる。ホワイトチョコチップを加えて均一に混ぜる。

3 袋の空気を抜いて口を結び、1ヶ所の角を1.5cmほどにカットする。クッキングシートに長さ12cmほどの棒状に4本しぼる。

4 トースターにクッキングシートごと入れ、焼き色がつくまで12〜15分焼く。

POINT

抹茶パウダーを加えると生地がゆるくなるため、**3** で生地をしぼるときは広げすぎず、こんもり高さを出すようにしぼってください。

マシュマロ
クッキー＆クリームパン

マシュマロのとろふわ感と
クッキーのサクサク感が楽しい！

（ 材料 ）　幅10cmの楕円形4個分

A ┌ 強力粉 … 100g
　　├ ベーキングパウダー … 4g
　　├ 塩 … 2g
　　└ 砂糖 … 20g
有塩バター（常温に戻す）… 10g
水 … 95g
オレオクッキー（2枚は砕く）
　 … 4枚
マシュマロ … 8個

（ 作り方 ）

1 トースターを予熱しておく。ポリ袋に **A** を入れる。空気を入れて口を閉じ、軽くふって均一に混ぜる。

2 袋の口を開いてバター、水を加える。空気を入れて袋の口を閉じ、外側から手でもみ、よくこねる。

3 砕いたオレオクッキー2枚分を加えてざっくりと混ぜる。

4 袋の空気を抜いて口を結び、1ヶ所の角を1.5cmほどにカットする。クッキングシートに幅10cmほどの楕円形に4個しぼり、残りのオレオを半分に割って1個ずつのせる。

5 トースターにクッキングシートごと入れ、焼き色がつくまで12〜15分焼く。焼きあがる4分前にマシュマロをのせる。

キャロットケーキ風パン

にんじんの素朴な甘さと
クリームチーズが相性抜群！

材料 直径6cmのドーナツ形6個分

にんじん … 100g
くるみ … 20g
A 強力粉 … 100g
　　ベーキングパウダー … 4g
　　塩 … 2g
　　砂糖 … 30g
　　シナモンパウダー … 小さじ⅓
　　ナツメグパウダー
　　　 … 3ふり（あれば）
米油（またはサラダ油）… 10g
水 … 60g
〈アイシング〉
　クリームチーズ（常温に戻す）
　　 … 50g
　砂糖 … 30g
　レモン汁 … 3g

POINT

にんじんは電子レンジでやわらかくしたあと、マグカップなどの底でつぶすと簡単です。

作り方

1 にんじんはラップをして電子レンジで3〜4分加熱する。ポリ袋にくるみと一緒に入れ、割れにくいコップの底で叩いてつぶす。

2 トースターを予熱しておく。**1**に**A**を入れる。空気を入れて口を閉じ、軽くふって均一に混ぜる。

3 袋の口を開いて米油、水を加える。空気を入れて袋の口を閉じ、外側から手でもみ、よくこねる。

4 袋の空気を抜いて口を結び、1ヶ所の角を1.5cmほどにカットする。クッキングシートに直径6cmほどのドーナツ形に6個しぼる。トースターにクッキングシートごと入れ、焼き色がつくまで12〜15分焼く。

5 クリームチーズに砂糖、レモン汁を加えてよく混ぜ、焼きあがったパンの上にぬる。

甘栗

甘納豆

黒糖パン

生地に黒糖を混ぜた
和菓子風のスイーツパン

甘栗

材料 　直径6cmの
円形6個分

A | 強力粉 … 100g
　　| ベーキングパウダー
　　| … 4g
　　| 塩 … 2g
　　| 黒糖 … 30g
米油（またはサラダ油）… 5g
水 … 90g
甘栗（5mm角以下に割る）
　　… 35g

作り方

1 トースターを予熱しておく。ポリ袋に **A** を入れる。空気を入れて口を閉じ、軽くふって均一に混ぜる。

2 袋の口を開いて米油、水を加える。空気を入れて袋の口を閉じ、外側から手でもみ、よくこねる。

3 甘栗を加え、まだらになるようざっくりと混ぜる。空気を抜いて口を結び、1ヶ所の角を1.5cmほどにカットする。クッキングシートに直径6cmほどの円形に6個しぼる。

4 トースターにクッキングシートごと入れ、焼き色がつくまで12〜15分焼く。

甘納豆

材料 　直径6cmの円形6個分

A | 強力粉 … 100g
　　| ベーキングパウダー … 4g
　　| 塩 … 2g
　　| 黒糖 … 30g
米油（またはサラダ油） … 5g
水 … 90g
甘納豆 … 35g

作り方

1 黒糖甘栗パンの工程 **1**〜**2** と同様に生地を作る。

2 空気を抜いて口を結び、1ヶ所の角を1.5cmほどにカットする。クッキングシートに直径6cmほどの円形に6個しぼる。甘納豆をのせる。

3 黒糖甘栗パンの工程 **4** と同様に焼く。

いちじくくるみパン

いちじくの〇〇ぱさとくるみの食感が楽しい♪

材料 — 長さ10cmの棒状4本分

A
- 強力粉 … 100g
- ベーキングパウダー … 4g
- 塩 … 2g

有塩バター（常温に戻す）
　… 10g
水 … 90g
ドライいちじく
　（5mm角以下に刻む）… 25g
くるみ（細かく砕く）… 10g

作り方

1. トースターを予熱しておく。ポリ袋に **A** を入れる。空気を入れて口を閉じ、軽くふって均一に混ぜる。

2. 袋の口を開いてバター、水を加える。空気を入れて袋の口を閉じ、外側から手でもみ、よくこねる。

3. いちじく、くるみを加え、まだらになるようざっくり混ぜる。袋の空気を抜いて口を結び、1ヶ所の角を1.5cmほどにカットする。クッキングシートに長さ10cmほどの棒状に4本しぼる。

4. トースターにクッキングシートごと入れ、焼き色がつくまで12〜15分焼く。

CHAPTER

2

のせる

しぼりパン

生地の上にウインナーやちくわ、
ツナマヨなどの具材をのせれば、
ランチにぴったりのお惣菜パンになります。
プリンやりんごなどをのせて、
スイーツのように仕上げたレシピも！

コーンマヨパン

マヨネーズとコーンのやさしい甘さは
大人も子どもも大好き!

材料) 直径8cmの円形4個分

A 強力粉 … 100g
ベーキングパウダー… 4g
塩 … 2g
水 … 95g
マヨネーズ … 10g
コーン … 10g

作り方)

1 トースターを予熱しておく。ポリ袋に **A** を入れる。袋に空気を入れて口を閉じ、軽くふって均一に混ぜる。

2 袋の口を開いて水を加える。空気を入れて袋の口を閉じ、外側から手でもみ、よくこねる。

3 袋の空気を抜いて口を結び、1ヶ所の角を1.5cmほどにカットする。クッキングシートに直径8cmほどの円形に4個しぼる。真ん中にマヨネーズをぬり、コーンをのせる。

4 トースターにクッキングシートごと入れ、焼き色がつくまで12〜15分焼く。

ウインナーパン

ウインナーがジューシー!
ホットドッグ風のお食事パンです

材料 幅12cmの楕円形3個分

ウインナー … 3本

A 強力粉 … 100g
  ベーキングパウダー … 4g
  塩 … 2g

水 … 95g

粒マスタード … 適量

ケチャップ … 適量

乾燥パセリ … 少々

作り方

1 ウインナーは耐熱皿にのせ、ラップをふわっとかけて電子レンジで20〜30秒加熱する。

2 トースターを予熱しておく。ポリ袋に**A**を入れる。袋に空気を入れて口を閉じ、軽くふって均一に混ぜる。

3 袋の口を開いて水を加える。空気を入れて袋の口を閉じ、外側から手でもみ、よくこねる。

4 袋の空気を抜いて口を結び、1ヶ所の角を1.5cmほどにカットする。クッキングシートに幅12cmほどの楕円形に3個しぼる。粒マスタードをぬり、ウインナーを1本ずつのせる。

5 トースターにクッキングシートごと入れ、焼き色がつくまで12〜15分焼く。ケチャップをかけ、乾燥パセリをふる。

ハムマヨパン

ハム×マヨネーズの組み合わせが朝ごはんにぴったり！

材料 幅12cmの楕円形4個分

A | 強力粉 … 100g
ベーキングパウダー … 4g
塩 … 2g

水 … 95g
ハム（4等分に切る）… 3枚
マヨネーズ … 10g
黒こしょう … 少々

作り方

1 トースターを予熱しておく。ポリ袋に **A** を入れる。袋に空気を入れて口を閉じ、軽くふって均一に混ぜる。

2 袋の口を開いて水を加える。空気を入れて袋の口を閉じ、外側から手でもみ、よくこねる。

3 袋の空気を抜いて口を結び、1ヶ所の角を1.5cmほどにカットする。クッキングシートに長さ12cmほどの楕円形に4個しぼる。ハムを3枚ずつのせ、マヨネーズをしぼる。

4 トースターにクッキングシートごと入れ、焼き色がつくまで12〜15分焼く。仕上げに黒こしょうをふる。

ツナマヨパン

みんな大好きなツナマヨをたっぷりトッピング♪

材料)　直径8cmの
　　　　円形4個分

ツナ缶（油漬け）… 70g
マヨネーズ … 10g
Ⓐ 　強力粉 … 100g
　　ベーキングパウダー… 4g
　　塩 … 2g
水 … 95g
乾燥パセリ … 少々

作り方)

1　ツナ缶は油を切り、マヨネーズとあえる。

2　トースターを予熱しておく。ポリ袋にⒶを入れる。袋に空気を入れて口を閉じ、軽くふって均一に混ぜる。

3　袋の口を開いて水を加える。空気を入れて袋の口を閉じ、外側から手でもみ、よくこねる。

4　袋の空気を抜いて口を結び、1ヶ所の角を1.5cmほどにカットする。クッキングシートに直径8cmほどの円形に4個しぼり出し、真ん中に1をのせる。

5　トースターにクッキングシートごと入れ、焼き色がつくまで12〜15分焼く。仕上げに乾燥パセリをふる。

マルゲリータ風パン

大きく1つにしぼってピザ風に。
食べるときは切り分けて召し上がれ

材料)　直径17cmの円形1個分

A | 強力粉 … 100g
　　 | ベーキングパウダー… 4g
　　 | 塩 … 2g
オリーブオイル … 5g
水 … 90g
B | カットトマト缶 (カット)
　　 | 　… 80g
　　 | にんにく (すりおろし)
　　 | 　… 1g
　　 | 塩 … ひとつまみ
　　 | オレガノ … ひとつまみ
モッツァレラチーズ … 40g
フレッシュバジル … 適量

作り方)

1　トースターを予熱しておく。ポリ袋に **A** を入れる。袋に空気を入れて口を閉じ、軽くふって均一に混ぜる。

2　袋の口を開いてオリーブオイル、水を加える。空気を入れて袋の口を閉じ、外側から手でもみ、よくこねる。

3　袋の空気を抜いて口を結び、1ヶ所の角を1.5cmほどにカットする。クッキングシートに大きな円形になるように1つにしぼる。混ぜ合わせた **B** を全体にのせ、モッツァレラチーズをちぎってのせる。

4　トースターにクッキングシートごと入れ、焼き色がつくまで12〜15分焼く。仕上げにオリーブオイル少々(分量外)をかけ、フレッシュバジルをのせる。

照り焼きチキンパン

ボリューム満点の
照り焼きチキンが食べ応え◎

材料 　幅12cmの楕円形1個分目安

鶏もも肉 … 200g

A しょうゆ … 大さじ1
　　砂糖 … 大さじ1
　　料理酒 … 大さじ1
　　強力粉 … 大さじ1

黒こしょう … 少々

B 強力粉 … 100g
　　ベーキングパウダー … 4g
　　塩 … 2g

水 … 90g

C マヨネーズ … 大さじ2
　　練乳 … 小さじ½

青ねぎ (小口切り) … 適宜

POINT

鶏肉は **A** を全体にしっかりまぶしてから加熱しましょう。鶏肉をのせると重みで生地が広がり、できあがりの大きさが少し変わります。

作り方

1　鶏もも肉は筋をとって開く。耐熱皿に置いて **A** を全体にまぶし、ふわっとラップをして電子レンジで4分加熱する。ラップをしたまま余熱で全体に火を通し、黒こしょうをふる。粗熱がとれたら食べやすい大きさに切る。

2　トースターを予熱しておく。ポリ袋に **B** を入れる。袋に空気を入れて口を閉じ、軽くふって均一に混ぜる。

3　袋の口を開いて水を加える。空気を入れて袋の口を閉じ、外側から手でもみ、よくこねる。

4　袋の空気を抜いて口を結び、1ヶ所の角を1.5cmほどにカットする。クッキングシートに大きな楕円形になるように1つにしぼり、**1** をのせる。

5　トースターにクッキングシートごと入れ、焼き色がつくまで12〜15分焼く。混ぜ合わせた **C** をかけ、好みで青ねぎをちらす。

カツサンド風パン

丸ごとどーんとのった
とんかつが食欲をそそる!

材料 　直径8cmの円形4個分

キャベツ … 40g
からし … 大さじ2
冷凍とんかつ (小) … 4個
A 　強力粉 … 100g
　 ベーキングパウダー … 4g
　 塩 … 2g
水 … 95g
とんかつソース … 適宜
乾燥パセリ … 適宜

作り方

1 キャベツは千切りにしてからしとあえる。とんかつは電子レンジで袋の表示時間の7割程度まで温めておく。

2 トースターを予熱しておく。ポリ袋に A を入れる。袋に空気を入れて口を閉じ、軽くふって均一に混ぜる。

3 袋の口を開いて水を加える。空気を入れて袋の口を閉じ、外側から手でもみ、よくこねる。

4 袋の空気を抜いて口を結び、1ヶ所の角を1.5cmほどにカットする。クッキングシートに直径8cmほどの円形に4個しぼる。キャベツをのせ、とんかつを1個ずつのせる。

5 トースターにクッキングシートごと入れ、焼き色がつくまで12〜15分焼く。好みでとんかつソースをかけ、乾燥パセリをふる。

グラタンパン

濃厚&ボリューミー!
レンチンでグラタンが作れるのもうれしい

材料　幅12cmの楕円形3個分

玉ねぎ … ¼ 個
A｜むきえび … 80g
　｜ホワイトソース … 70g
　｜顆粒コンソメスープの素 … 1g
　｜黒こしょう … 少々
B｜強力粉 … 100g
　｜ベーキングパウダー … 4g
　｜塩 … 2g
水 … 90g
パルメザンチーズ … 少々
パン粉 … 少々
乾燥パセリ … 少々

作り方

1 玉ねぎを薄切りにし、A とともに耐熱容器に入れてよく混ぜ、ラップをふわっとかけて電子レンジで4分加熱する。火が通ったら混ぜ、粗熱がとれるまでおく。

2 トースターを予熱しておく。ポリ袋に B を入れる。袋に空気を入れて口を閉じ、軽くふって均一に混ぜる。

3 袋の口を開いて水を加える。空気を入れて袋の口を閉じ、外側から手でもみ、よくこねる。

4 袋の空気を抜いて口を結び、1ヶ所の角を1.5cmほどにカットする。クッキングシートに幅12cmほどの楕円形に3個しぼる。1 を中央にのせ、パルメザンチーズ、パン粉をふる。

5 トースターにクッキングシートごと入れ、焼き色がつくまで12〜15分焼く。仕上げに乾燥パセリをふる。

POINT

グラタンの具はレンジ調理でお手軽に。ムラがないように加熱前によく混ぜておきましょう。

ほうれん草の
キッシュ風パン

ななめにカットすれば
見た目もキッシュそっくり!

材料 縦15cm×横20cmの長方形1個分

ほうれん草 … ½束
ハーフベーコン … 2枚
A 強力粉 … 100g
　 ベーキングパウダー … 4g
　 塩 … 1g
　 パルメザンチーズ
　 　… 5g
卵黄 … 20g
牛乳 … 100g

作り方

1 ほうれん草は電子レンジで1分30秒加熱する。流水で冷まして長さ4cmにカットし、ほぐす。ハーフベーコンは5mm幅にカットする。

2 トースターを予熱しておく。ポリ袋にAを入れる。袋に空気を入れて口を閉じ、軽くふって均一に混ぜる。

3 袋の口を開いて卵黄、牛乳を加える。空気を入れて袋の口を閉じ、外側から手でもみ、よくこねる。

4 袋の空気を抜いて口を結び、1ヶ所の角を1.5cmほどにカットする。クッキングシートに縦15cm×横20cmの長方形になるようしぼり出し、1をのせる。

5 トースターにクッキングシートごと入れ、焼き色がつくまで12～15分焼く。

磯辺ちくわパン

青のりの風味が広がる
磯辺揚げ風のお食事パン

材料　幅14cmの楕円形3個分

A | 強力粉 … 100g
　　| ベーキングパウダー … 4g
　　| 塩 … 2g
　　| 青のり … 小さじ1
水 … 95g
ちくわ … 3本

作り方

1　トースターを予熱しておく。ポリ袋にAを入れる。袋に空気を入れて口を閉じ、軽くふって均一に混ぜる。

2　袋の口を開いて水を加える。空気を入れて袋の口を閉じ、外側から手でもみ、よくこねる。

3　袋の空気を抜いて口を結び、1ヶ所の角を1.5cmほどにカットする。クッキングシートに幅14cmほどの楕円形に3個しぼり出し、ちくわを1本ずつのせる。

4　トースターにクッキングシートごと入れ、焼き色がつくまで12〜15分焼く。好みで青のり（分量外）をふる。

きんぴらパン

具材は市販品をのせるだけ！
簡単なのに満足度◎

材料 （直径8cmの円形3個分）

A ┌ 強力粉 … 100g
　├ ベーキングパウダー … 4g
　└ 塩 … 2g
水 … 100g
きんぴらごぼう … 50g
白いりごま … 少々

作り方

1 トースターを予熱しておく。ポリ袋に **A** を入れる。袋に空気を入れて口を閉じ、軽くふって均一に混ぜる。

2 袋の口を開いて水を加える。空気を入れて袋の口を閉じ、外側から手でもみ、よくこねる。

3 袋の空気を抜いて口を結び、1ヶ所の角を1.5cmほどにカットする。クッキングシートに直径8cmほどの円形に3個しぼる。きんぴらごぼうを1/3量ずつのせ、白ごまをふる。

4 トースターにクッキングシートごと入れ、焼き色がつくまで12〜15分ほど焼く。

韓国チヂミ風パン

コチュジャン入りの本格的な味付け
おつまみにもぴったりです

(材料)　縦15cm×横20cmの
　　　　 長方形1個分

A | 強力粉 … 100g
　 | ベーキングパウダー … 4g
B | しょうゆ … 10g
　 | コチュジャン … 10g
　 | はちみつ … 10g
　 | にんにく（すりおろし）
　 |　… 小さじ1
　 | ごま油 … 5g
水 … 80g
ニラ（5cm長さに切る）… ½束
白いりごま … 適宜
糸唐辛子 … 適宜

(作り方)

1　ポリ袋に A を入れる。袋に空気を入れて口を閉じ、軽くふって均一に混ぜる。

2　トースターを予熱しておく。袋の口を開いて B と水を加える。空気を入れて袋の口を閉じ、外側から手でもみ、よくこねる。

3　袋の空気を抜いて口を結び、1ヶ所の角を1.5cmほどにカットする。クッキングシートに縦15cm×横20cmほどの長方形になるようしぼり、ニラを全体にのせる。

4　トースターにクッキングシートごと入れ、焼き色がつくまで12〜15分焼く。好みで白ごまをちらし、糸唐辛子をのせる。

帽子パン風

帽子パンをイメージした
甘いクッキー生地がポイント!

〔 材料 〕 直径8cmの円形4個分

A 強力粉 … 100g
　ベーキングパウダー … 4g
　塩 … 2g
　砂糖 … 20g
卵黄 … 20g
牛乳 … 80g
〈クッキー生地〉
　薄力粉 … 45g
　砂糖 … 40g
　有塩バター（常温に戻す）
　　… 30g
　卵白 … 15g

〔 POINT 〕

クッキー生地は、パン生地のフチ
を残してぐるぐると渦巻き状にし
ぼっていきます。

〔 作り方 〕

1 トースターを予熱しておく。ポリ袋に A
を入れる。袋に空気を入れて口を閉じ、
軽くふって均一に混ぜる。

2 袋の口を開いて卵黄、牛乳を加える。空
気を入れて袋の口を閉じ、外側から手で
もみ、よくこねる。

3 別のポリ袋にクッキー生地の材料を入れ、
外側からバターをつぶすようにざっくり
混ぜる。

4 2 の袋の空気を抜いて口を結び、1ヶ所
の角を1.5cmほどにカットする。クッキ
ングシートに直径8cmほどの円形に4個
しぼる。

5 トースターにクッキングシートごと入れ、
5分焼いたら一度取り出す。3 を袋の1
ヶ所の角を6mm幅にカットし、パン生地
の上から渦巻き状にしぼる。焼き色がつ
くまでさらに8〜10分ほど焼く。

アップルパイ風パン

りんごにたっぷりのシナモンをきかせて
アップルパイ風の仕上げに♪

〔 **材料** 〕 直径8cmの円形4個分

〈アップルフィリング〉
　りんご … ½個
　シナモンパウダー … 適量
　砂糖 … 20g
A　強力粉 … 100g
　ベーキングパウダー … 4g
　塩 … 2g
　砂糖 … 30g
水 … 90g
有塩バター … 12g
粉砂糖 … 少々
シナモンパウダー … 少々

〔 **作り方** 〕

1 アップルフィリングを作る。りんごはよく洗って芯を除き、12等分の薄いくし形切りにし、電子レンジで3分加熱する。水気をしぼってシナモンパウダーと砂糖であえる。

2 トースターを予熱しておく。ポリ袋に **A** を入れる。袋に空気を入れて口を閉じ、軽くふって均一に混ぜる。

3 袋の口を開いて水を加える。空気を入れて袋の口を閉じ、外側から手でもみ、よくこねる。

4 袋の空気を抜いて口を結び、1ヶ所の角を1.5cmほどにカットする。クッキングシートに直径8cmの円形に4個しぼる。**1** を3枚ずつ並べ、上にバターを3gずつのせる。

5 トースターにクッキングシートごと入れ、焼き色がつくまで12〜15分焼く。仕上げに粉砂糖とシナモンパウダーをふる。

フロランタン風パン

たっぷりのナッツとキャラメルの
組み合わせがしあわせの味♪

〔 材料 〕 縦12cm×横10cmの
長方形1個分

A 強力粉 … 100g
　ベーキングパウダー … 4g
　塩 … 2g
　砂糖 … 30g
米油 (またはサラダ油) … 5g
牛乳 … 90g
〈キャラメルフィリング〉
　キャラメル (市販品) … 12粒
　牛乳 (または豆乳) … 5g
　スライスアーモンド … 30g

〔 POINT 〕

キャラメルフィリングはレンジで
簡単に。最初はとろとろですが、
パンにかけたあと少し時間をおく
と固くなり、切り分けやすくなり
ます。

〔 作り方 〕

1 トースターを予熱しておく。ポリ袋に A
を入れる。袋に空気を入れて口を閉じ、
軽くふって均一に混ぜる。

2 袋の口を開いて米油、牛乳を加える。空
気を入れて袋の口を閉じ、外側から手で
もみ、よくこねる。

3 袋の空気を抜いて口を結び、1ヶ所の角
を1.5cmほどにカットする。クッキング
シートに縦12cm×横10cmほどの長方形
になるようにしぼる。

4 トースターにクッキングシートごと入れ、
焼き色がつくまで12〜15分ほど焼く。

5 耐熱容器にキャラメルと牛乳を入れ、電
子レンジで20秒加熱する。キャラメル
が溶けたらよく混ぜる。アーモンドを加
えて混ぜ、焼いたパンの上にかけ、表面
が固まるまでおく。

メロンパン

一見難しそうなメロンパンも
しぼりパンなら簡単!

プレーン

材料 直径8cmの円形4個分

〈クッキー生地〉

A 薄力粉 … 80g
　　砂糖 … 40g
　　有塩バター（常温に戻す）
　　　… 30g
　溶き卵 … 20g

〈パン生地〉

B 強力粉 … 100g
　　ベーキングパウダー… 4g
　　塩 … 2g
　　砂糖 … 20g
　溶き卵 … 20g
　牛乳 … 80g

作り方

1 クッキー生地を作る。ポリ袋に **A** を入れ、外側からバターをつぶすようにざっくり混ぜる。溶き卵を加えてさらに混ぜ、冷蔵庫で冷やす。

2 トースターを予熱しておく。別のポリ袋に **B** を入れる。袋に空気を入れて口を閉じ、軽くふって均一に混ぜる。

3 袋の口を開いて溶き卵、牛乳を加える。空気を入れて袋の口を閉じ、外側から手でもみ、よくこねる。

4 袋の空気を抜いて口を結び、1ヶ所の角を1.5cmほどにカットする。クッキングシートに直径8cmほどの円形に4個しぼる。

5 **1**を4等分して丸め、クッキングシートにはさんで手のひらで平らにつぶす。包丁の背を押しつけて格子状に模様をつけ、**4**のパン生地の上にのせる。

6 トースターにクッキングシートごと入れ、焦き色がつくまで15分ほど焼く。

POINT

クッキー生地はくっつきやすいため、つぶすときはクッキングシートにはさんで。包丁の背で模様をつけると、メロンパンらしくなります。

プレーン

ショコラ

ショコラ

(材料) 直径8cmの円形4個分

〈クッキー生地〉
　プレーンのクッキー生地の材料
　　（溶き卵は25gに変更）
　ココア … 10g
〈パン生地〉
　プレーンのパン生地の材料
　　（牛乳は85gに変更）
　ココア … 10g

(作り方)

1　プレーンのクッキー生地の **A** の材料とコ
　コアをポリ袋に入れ、外側からバターを
　つぶすようにざっくり混ぜる。溶き卵を
　加えてさらに混ぜ、冷蔵庫で冷やす。

2　トースターを予熱しておく。1 と別のポ
　リ袋にプレーンのパン生地の **B** の材料、
　ココアを入れる。袋に空気を入れて口を
　閉じ、軽くふって均一に混ぜる。

3　プレーンの工程 3 〜 6 と同様に作る。

プリンパン

濃厚なプリンがとろける
贅沢なスイーツパン

材料 ｜ 直径8㎝の円形4個分

A ｜ 強力粉 … 100g
ベーキングパウダー … 4g
塩 … 2g
砂糖 … 20g
米油 (またはサラダ油) … 5g
水 … 90g
焼きプリン (市販品) … 1個
粉砂糖 … 適量

作り方

1 トースターを予熱しておく。ポリ袋に **A** を入れる。袋に空気を入れて口を閉じ、軽くふって均一に混ぜる。

2 袋の口を開いて米油、水を加える。空気を入れて袋の口を閉じ、外側から手でもみ、よくこねる。

3 袋の空気を抜いて口を結び、1ヶ所の角を1.5㎝ほどカットする。クッキングシートに直径8㎝ほどの円形に4個しぼり、真ん中に焼きプリンを¼量ずつすくってのせる。

4 トースターにクッキングシートごと入れ、焼き色がつくまで12〜15分ほど焼く。仕上げに粉砂糖をふる。

はさむ

しぼりパン

生地をはじめに薄くしぼり、
具材をのせて
また生地をしぼってフタをすると……。
中にぎゅっと具が詰まったパンが完成！
ひと口食べるそのときまで、
ワクワクが続く楽しいレシピです。

塩バターパン

じゅわ～っと染み出すバターが
あとをひくおいしさ

(材料) 幅8cmの楕円形3個分

A 強力粉…100g
　ベーキングパウダー…4g
　塩…2g
水…100g
有塩バター…30g
黒こしょう…少々

(作り方)

1 トースターを予熱しておく。ポリ袋にAを入れる。袋に空気を入れて口を閉じ、軽くふって均一に混ぜる。

2 袋の口を開いて水を加える。空気を入れて袋の口を閉じ、外側から手でもみ、よくこねる。

3 袋の空気を抜いて口を結び、1ヶ所の角を1.5cmほどにカットする。生地の3割を残して、クッキングシートに幅8cmほどの楕円形に3個しぼる。

4 10gずつにカットしたバターを1つずつのせ、残りの生地を盛るようにしぼってフタをする。

5 予熱しておいたトースターにクッキングシートごと入れ、焼き色がつくまで12～15分焼く。仕上げに黒こしょうをふる。

キーマカレーパン

スパイシーなキーマカレーパンは
うずらの卵がアクセント！

材料) 直径8cmの円形3個分

〈キーマカレーフィリング〉
- **A** 合いびき肉 … 100g
  - にんにく（すりおろし）… 2g
  - ケチャップ … 大さじ1
  - 牛乳 … 大さじ1
  - カレー粉 … 大さじ1
  - 塩、こしょう … 適宜
- 強力粉 … 3g
- **B** 強力粉 … 100g
  - ベーキングパウダー … 4g
  - 塩 … 2g
  - パルメザンチーズ … 3g
- 水 … 100g
- うずらの卵（水煮）… 3個

POINT

はじめに小さく生地をしぼり、その上に具材をたっぷりとのせ、残った生地でフタをします。具材の重さで生地が自然と広がり、完成形は少し大きく仕上がります。

作り方

1 キーマカレーフィリングを作る。**A** を耐熱容器に入れてよく混ぜ、電子レンジで1分30秒加熱する。よく混ぜて強力粉を加え、さらに1分加熱して混ぜる。

2 トースターを予熱しておく。ポリ袋に **B** を入れる。袋に空気を入れて口を閉じ、軽くふって均一に混ぜる。

3 袋の口を開いて水を加える。空気を入れて袋の口を閉じ、外側から手でもみ、よくこねる。

4 袋の空気を抜いて口を結び、1ヶ所の角を1.5cmほどにカットする。生地の6〜7割を残して、クッキングシートに直径3cmほどの円形に3個しぼる。

5 **1**、うずらの卵1個、**1** を順にのせ、残りの生地を盛るようにしぼってフタをする。

6 トースターにクッキングシートごと入れ、焼き色がつくまで12〜15分焼く。

ハンバーグパン

ハンバーグを丸ごと包んだ
ハンバーガー風パン

〔 材料 〕 幅8cmの
楕円形2個分目安

A 強力粉 … 100g
　 ベーキングパウダー … 4g
　 塩 … 2g
水 … 100g
チルドハンバーグ … 2個
トマト（スライス）… 2〜3枚
B ケチャップ … 大さじ2
　 ウスターソース … 大さじ2
　 有塩バター … 10g
　 黒こしょう … 少々

〔 作り方 〕

1 トースターを予熱しておく。ポリ袋に **A** を入れる。袋に空気を入れて口を閉じ、軽くふって均一に混ぜる。

2 袋の口を開いて水を加える。空気を入れて袋の口を閉じ、外側から手でもみ、よくこねる。

3 袋の空気を抜いて口を結び、1ヶ所の角を1.5cmほどにカットする。生地の4割を残して、クッキングシートに大きな楕円形になるように1つにしぼる。

4 ハンバーグを2個並べてのせ、残りの生地を盛るようにしぼってフタをし、スライスしたトマトを並べてのせる。トースターにクッキングシートごと入れ、焼き色がつくまで12〜15分焼く。真ん中から半分に切る。

5 耐熱容器に **B** を入れ、電子レンジで20秒加熱して混ぜ、パンにかける。

ゴロゴロポテトパン

大きなポテトが迫力満点!
ポテト好きにはたまらない

材料 直径7㎝の円形4個分

有塩バター… 20g
ハーフベーコン … 2枚
じゃがいも … 小2個
A 強力粉… 100g
　　 ベーキングパウダー… 4g
　　 塩 … 2g
水 … 100g
塩、こしょう … 適量
粒マスタード … 適量
乾燥パセリ … 少々

POINT

じゃがいもを主役に、そのまわり
を生地で覆うようにしぼります。
真ん中はじゃがいもが見えるよう
にあけておきましょう。完成形の
サイズはじゃがいもの大きさによ
って多少前後します。

作り方

1 バターは5gずつに、ベーコンは5㎜幅
に切る。じゃがいもはよく洗って皮ごと
ラップに包み、電子レンジで3〜4分加
熱し、半分に切る。

2 トースターを予熱しておく。ポリ袋に **A**
を入れる。袋に空気を入れて口を閉じ、
軽くふって均一に混ぜる。

3 袋の口を開いて水を加える。空気を入れ
て袋の口を閉じ、外側から手でもみ、よ
くこねる。

4 クッキングシートにじゃがいもの断面を
下にしておき、塩、こしょうをふり、粒
マスタードをぬる。

5 3 の袋の空気を抜いて口を結び、1ヶ所
の角を1.5㎝ほどにカットする。4 のじ
ゃがいもの周りに生地を盛るようにしぼ
り、ベーコンとバターをのせ、乾燥パセ
リをふる。

6 トースターにクッキングシートごと入れ、
焼き色がつくまで12〜15分焼く。

たこ焼きパン

本物のたこ焼きそっくり!
だし入りの生地で和テイストに仕上げます。

材料　直径3〜4cmの円形9個分

A 強力粉 … 100g
　 ベーキングパウダー … 4g
　 顆粒和風だし … 3g
B 紅しょうが … 10g
　 卵黄 … 20g
　 水 … 85g
たこ … 25g
たこ焼きソース … 適宜
マヨネーズ … 適宜
青のり … 適宜
かつおぶし … 適宜

作り方

1 トースターを予熱しておく。ポリ袋に **A** を入れる。袋に空気を入れて口を閉じ、軽くふって均一に混ぜる。

2 袋の口を開いて **B** を加える。空気を入れて袋の口を閉じ、外側から手でもみ、よくこねる。

3 袋の空気を抜いて口を結び、1ヶ所の角を1.5cmほどにカットする。生地の4割を残して、クッキングシートに直径3〜4cmほどの円形に9個しぼる。

4 9等分にしたたこを1つずつのせ、残りの生地を盛るようにしぼってフタをする。

5 トースターにクッキングシートごと入れ、焼き色がつくまで12〜15分ほど焼く。好みでたこ焼きソース、マヨネーズ、青のり、かつおぶしをかける。

POINT

小さくしぼった生地の上にたこをのせます。生地でフタをするときは、丸くなるように意識するとよりたこ焼きらしい仕上がりに。

のびーる餅チーズパン

チーズとお餅がもちもちのびる!
お餅がやわらかな焼き立てが食べごろです

材料　縦6cm×横3cmの長方形4個分

A | 強力粉 … 100g
　 | ベーキングパウダー … 4g
　 | 塩 … 2g
水 … 100g
餅 … 2個
ストリングチーズ … 2本
砂糖じょうゆ (砂糖5g+濃口しょうゆ大さじ1) … 適宜

作り方

1 トースターを予熱しておく。ポリ袋に **A** を入れる。袋に空気を入れて口を閉じ、軽くふって均一に混ぜる。

2 袋の口を開いて水を加える。空気を入れて袋の口を閉じ、外側から手でもみ、よくこねる。

3 袋の空気を抜いて口を結び、1ヶ所の角を1.5cmほどカットする。生地の6〜7割を残して、クッキングシートに縦6cm×横3cmほどの長方形に4個しぼる。

4 縦半分に割いたチーズ、半分に切った餅の順に1つずつのせ、残りの生地を盛るようにしぼってフタをする。

5 トースターにクッキングシートごと入れ、焼き色がつくまで12〜15分ほど焼く。好みで砂糖じょうゆにつけて食べる。

あんパン

ぎっしり詰まったあんこがうれしい!
お好みでバターをはさんで

プレーン

あんバター

プレーン

材料 　直径5cmの
円形4個分

〈パン生地〉
　A 強力粉 … 100g
　　 ベーキング
　　　 パウダー… 4g
　　 塩 … 2g
　　 砂糖 … 20g
　 米油（またはサラダ油）
　　 … 5g
　 水 … 90g
　あんこ … 140g
　黒いりごま … 少々

作り方

1 トースターを予熱しておく。ポリ袋に A を入れる。袋に空気を入れて口を閉じ、軽くふって均一に混ぜる。

2 袋の口を開いて米油、水を加える。空気を入れて袋の口を閉じ、外側から手でもみ、よくこねる。

3 空気を抜いて口を結び、1ヶ所の角を1.5cmほどにカットする。生地の4割を残して、クッキングシートに直径5cmほどの円形に4個しぼる。

4 4等分にして丸めたあんこをのせ、残りの生地を盛るようにしぼってフタをし、黒ごまをふる。

5 トースターにクッキングシートごと入れ、焼き色がつくまで12〜15分焼く。

あんバター

材料 　直径5cmの
円形4個分

プレーンのパン生地の材料
あんこ … 140g
有塩バター… 20g

作り方

1 プレーンの工程 1〜3 と同様に生地を作り、同様に4個にしぼる。

2 5gずつにカットしたバターを4等分にしたあんこで包む。パン生地にのせ、残りの生地を盛るようにしぼってフタをする。

3 トースターにクッキングシートごと入れ、焼き色がつくまで12〜15分焼く。

生チョコパン

甘～い生チョコがたっぷり！
至福のひと口を味わって

プレーン

〈 材料 〉 直径8cmの円形4個分

〈パン生地〉
- **A** | 強力粉 … 100g
- | ベーキングパウダー… 4g
- | 塩 … 2g
- | 砂糖 … 20g
- | ココア … 10g
- 米油（またはサラダ油）… 5g
- 水 … 95g

〈生チョコ〉
- チョコレート（手で割る）
    … 50g
- 生クリーム … 20g

〈 作り方 〉

1　生チョコを作る。耐熱容器に生クリームを入れてふわっとラップをし、電子レンジで20秒加熱する。チョコレートを加えて溶けるまでよく混ぜ、ラップをして冷蔵庫で冷やす。

2　トースターを予熱しておく。ポリ袋に **A** を入れる。袋に空気を入れて口を閉じ、軽くふって均一に混ぜる。

3　袋の口を開いて米油、水を加える。空気を入れて袋の口を閉じ、外側から手でもみ、よくこねる。

4　空気を抜いて口を結び、1ヶ所の角を1.5cmほどにカットする。生地の6割を残して、クッキングシートに直径3cmほどの円形に4個しぼる。

5　1を4等分して丸めてのせ、残りの生地を盛るようにしぼってフタをする。

6　トースターにクッキングシートごと入れ、焼き色がつくまで12〜15分焼く。

プレーン

バナナ

バナナ

(材料)　縦8cm×横3cmの
　　　　　長方形3個分

プレーンのパン生地の材料
〈生チョコバナナ〉
　チョコレート（手で割る）
　　…50g
　生クリーム … 20g
　バナナ（5mm幅に切る）
　　…1本

(作り方)

1　プレーンの工程 **1〜4** と同様にしぼる直前まで
　作業する。生地の6割を残してクッキングシー
　トに縦8cm×横3cmほどの長方形に3個しぼる。

2　生チョコを3等分して棒状に丸めてのせ、残り
　の生地を盛るようにしぼってフタをし、バナナ
　を並べる。

3　トースターにクッキングシートごと入れ、焼き
　色がつくまで12〜15分焼く。

ブルーベリークリームチーズパン

甘酸っぱいブルーベリーと
濃厚なクリームチーズが相性抜群♪

材料 直径6cmの円形4個分

A | 強力粉 … 100g
| ベーキングパウダー … 4g
| 塩 … 2g
| 砂糖 … 20g
米油（またはサラダ油）… 5g
水 … 90g
クリームチーズ … 60g
ブルーベリー（冷凍）… 20粒

作り方

1 トースターを予熱しておく。ポリ袋に **A** を入れる。袋に空気を入れて口を閉じ、軽くふって均一に混ぜる。

2 袋の口を開いて米油、水を加える。空気を入れて袋の口を閉じ、外側から手でもみ、よくこねる。

3 袋の空気を抜いて口を結び、1ヶ所の角を1.5cmほどにカットする。生地の6割を残して、クッキングシートに直径6cmほどの円形に4個しぼる。

4 クリームチーズ15gずつとブルーベリー5粒ずつをのせ、残りの生地を上からしぼる。具材はすべて隠れなくてもOK。

5 トースターにクッキングシートごと入れ、焼き色がつくまで12〜15分ほど焼く。

はちみつチーズパン

はちみつ×チーズの
甘じょっぱさがくせになる!

(材料)　縦6cm×横4cmの
　　　　　長方形4個分

A 強力粉 … 100g
　　ベーキングパウダー … 4g
　　塩 … 2g
　　砂糖 … 20g
水 … 95g
ストリングチーズ … 2本
はちみつ … 20g

(作り方)

1 トースターを予熱しておく。ポリ袋に **A** を入れる。袋に空気を入れて口を閉じ、軽くふって均一に混ぜる。

2 袋の口を開いて水を加える。空気を入れて袋の口を閉じ、外側から手でもみ、よくこねる。

3 袋の空気を抜いて口を結び、1ヶ所の角を1.5cmほどにカットする。生地の6割を残して、クッキングシートに縦6cm×横4cmほどの長方形に4個しぼる。

4 縦半分に割いたチーズをのせ、残りの生地を盛るようにしぼってフタをする。上からはちみつをかける。

5 トースターにクッキングシートごと入れ、焼き色がつくまで12〜15分焼く。

STAFF

撮影	内山めぐみ
フードスタイリング	井上裕美子 (エーツー)
デザイン	狩野聡子 (tri)
校正	東京出版サービスセンター
編集協力	二平絵美
編集	森摩耶　長島恵理 (ワニブックス)

爆速! しぼりパン
食べたいときにすぐ作って
焼き立てが食べられる！

著者　斎藤ゆかり

2023年10月23日　初版発行

発行者　横内正昭
編集人　青柳有紀
発行所　株式会社ワニブックス
　　　　〒150-8482
　　　　東京都渋谷区恵比寿4-4-9　えびす大黒ビル
　　　　ワニブックスHP　http://www.wani.co.jp/

　　　　お問い合わせはメールで受け付けております。
　　　　HPより「お問い合わせ」へお進みください。
　　　　※内容によりましてはお答えできない場合がございます。

印刷所　株式会社光邦
DTP　　株式会社明昌堂
製本所　ナショナル製本